L'édition originale de cet ouvrage
a paru sous le titre : *Bosnia*
Copyright © Aladdin Books Ltd, 1994
28 Percy Street, London W1P 9FF
All rights reserved

Adaptation française de
Myriam De Visscher
Copyright © Éditions Gamma,
Paris-Tournai, 1995
D/1995/0195/25
ISBN 2-7130-1744-0
(édition originale :
ISBN 0-7496-1714-4)

Exclusivité au Canada :
Les éditions Héritage inc.
300, rue Arran
Saint-Lambert (Québec) J4R 1K5
Dépôts légaux : 2e trimestre 1995
Bibliothèque nationale du Québec
Bibliothèque nationale du Canada
ISBN 2-7625-8085-4

Loi n° 49-956 du 16 juillet 1949 sur les publications
destinées à la jeunesse

Imprimé en Belgique

ACTUALITÉ... POINTS CHAUDS DE L'ACTUALITÉ

Édition spéciale   1

La Bosnie

La paix reviendra-t-elle un jour?

David Flint - Myriam De Visscher

Des milliers de civils ont perdu la vie dans le conflit bosniaque.

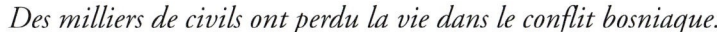

Éditions Gamma - Éditions Héritage

ACTUALITÉ... POINTS CHAUDS DE L'ACTUALITÉ

Introduction : un pays en guerre

Ce soldat pointe un bazooka (lance-roquettes antichar) contre ses opposants lors du conflit bosniaque.

La guerre en Bosnie

Le conflit bosniaque est l'un des plus sanglants de notre époque

EN 1992, la guerre éclate en Bosnie-Herzégovine, cette région d'Europe au cœur des Balkans. Les trois protagonistes du conflit sont les Serbes, les Croates et les Musulmans bosniaques. Après 3 ans de guerre, un cessez-le-feu est observé : en décembre 1994, les principales factions demandent la trêve. Hélas, le cessez-le-feu n'est pas permanent.

De 1945 à 1991, la Bosnie fait partie des six républiques fédérées de la Yougoslavie. En octobre 1991, elle proclame son indépendance, imitant ainsi trois autres républiques : la Slovénie, la Croatie et la Macédoine. Seuls le Monténégro et la Serbie restent au sein de la nouvelle République fédérale de Yougoslavie, non reconnue par l'ONU.

L'ex-Yougoslavie.

ACTUALITÉ... POINTS CHAUDS DE L'ACTUALITÉ

Introduction : un pays en guerre

Les républiques yougoslaves se disputent le territoire

LORS DE LA DISLOCATION de la Yougoslavie, les populations locales sont engagées dans une guerre territoriale. Les combats éclatent d'abord en Slovénie, puis en Croatie. En 1992, le conflit embrase la Bosnie.

Dès le début, les médias occidentaux couvrent largement le conflit bosniaque. Ils se concentrent principalement sur les grands problèmes posés par la guerre : celui des réfugiés (on en dénombre près de 3 millions) et celui des villes assiégées. Toutefois, ils n'expliquent guère les origines du conflit, qui remontent en fait à plusieurs générations. Les reportages actuels portent sur le quotidien des habitants de ce pays ébranlé par la guerre et sur l'espoir d'un arrêt imminent du conflit armé.

SOMMAIRE

Introduction	2-3
LA REVUE DE PRESSE	
Des villes assiégées	4-5
La crise des réfugiés	6-7
L'intervention de l'ONU	8
LES ORIGINES DU CONFLIT	9
Petit historique	10-11
Guerre et rébellion	12-13
Naissance de la Yougoslavie	14-15
Gloire et chute de la Yougoslavie communiste	16-17
Une mosaïque de nationalités	18-19
C'est la guerre en Yougoslavie	20-21
Le conflit bosniaque	22-23
En quête de paix	24
DERNIÈRE MINUTE	
Espoirs réels de paix	25
Témoignages	26-27
Un pays dévasté	28-29
La paix reviendra-t-elle un jour ?	30
Chronologie	31
Index	32

🔥 *Zones de combats en Bosnie, Slovénie et Croatie.*   🔵 *Zones dites « de sécurité » par l'ONU.*

ACTUALITÉ... POINTS CHAUDS DE L'ACTUALITÉ

La revue de presse : des villes assiégées   4

1994 : les forces serbes surveillent la ville assiégée de Gorazde.

Des villes assiégées

Les civils manquent d'eau et de vivres

DEPUIS LE DÉBUT DES HOSTILITÉS en Bosnie, des centaines de milliers de civils innocents ont été entraînés dans le conflit. Tout comme en Slovénie et en Croatie, c'est la proclamation de l'indépendance de la Bosnie, le 15 octobre 1991, qui a déclenché la guerre.

Dès la proclamation de l'indépendance de la Bosnie, les Serbes locaux, soutenus par l'armée yougoslave, entament une reconquête du territoire bosniaque, ainsi que l'expulsion massive des non-Serbes (pratique dite de la *purification ethnique*). Ceux-ci cherchent refuge dans les villes, par exemple Sarajevo, la capitale, Tuzla, un peu plus au nord, ou Gorazde et Srebrenica, à l'est. Bientôt, ces villes tombent aux mains des Serbes. Elles sont la cible des lance-roquettes et d'armes lourdes. L'approvisionnement en eau et l'électricité sont interrompus ; la nourriture devient une denrée rare. En décembre 1994, les Serbes lancent une offensive militaire contre la ville de Bihac, dans le nord-ouest du pays. Les frappes aériennes de l'OTAN ne parviennent pas à empêcher la victoire militaire des Serbes.

Qui combat qui ?

Pendant des siècles, la Bosnie a abrité une mosaïque de nationalités (voir la carte pages 18-19). D'ailleurs, l'image la plus utilisée pour décrire la carte des nationalités en Bosnie est celle de la « peau de léopard ». Depuis le début des troubles, Serbes, Croates et Musulmans – les trois principaux groupes ethniques – se disputent le contrôle du pays. Mais ces groupes sont d'importance inégale. En avril 1992, les Serbes de Bosnie obtiennent le soutien de la puissante armée yougoslave. Des forces d'au moins 94 000 hommes s'opposent aux milices croates (unités armées) de 15 000 hommes au total. L'armée bosniaque compte à peine 3 500 hommes, pour la plupart des Musulmans. En peu de temps, elle recrute des soldats, mais son arsenal reste nettement insuffisant. Jusqu'en 1993, Croates et Bosniaques se battent côte à côte.

Les civils font la queue pendant des heures pour obtenir du pain.

ACTUALITÉ... POINTS CHAUDS DE L'ACTUALITÉ

La revue de presse : des villes assiégées

Les convois humanitaires des Nations unies atteignent les villes assiégées

DURANT L'HIVER 1992, la nourriture et les médicaments manquent dans les villes assiégées par les Serbes. En raison des combats, l'aide humanitaire parvient difficilement dans ces villes. Le 29 juin 1992, le Conseil de sécurité de l'ONU autorise le déploiement d'un millier de Casques bleus à l'aéroport de Sarajevo. Le lendemain, l'Union européenne décide d'ouvrir un pont aérien pour acheminer les vivres et les médicaments entreposés à Zagreb (Croatie). En janvier 1995, l'aide humanitaire a toujours des difficultés à parvenir en Bosnie. Malgré le cessez-le-feu, l'ONU n'obtient pas des Serbes de Bosnie qu'ils rouvrent l'accès à Sarajevo.

Un convoi de l'ONU arrive à Srebrenica en 1993.

Des civils affamés se ruent sur un camion.

Les convois des Nations unies sous les tirs d'artillerie

Les convois d'aide humanitaire de l'ONU doivent parcourir de longues distances à travers les montagnes avant de parvenir aux habitants bloqués dans les villes bosniaques. En hiver, ils doivent faire face aux rudes conditions climatiques ; par ailleurs, ils sont souvent ralentis par des barrages routiers et, régulièrement, ils sont la cible d'obus et de tirs isolés. Dans les territoires contrôlés par les Serbes, les camions sont examinés car les soldats les soupçonnent de transporter des armes et non de la nourriture. De nombreux convois sont ainsi détournés, et les vivres nourrissent les milices locales.

ACTUALITÉ... POINTS CHAUDS DE L'ACTUALITÉ

La revue de presse : la crise des réfugiés

Des milliers de Bosniaques fuient les combats

La crise des réfugiés en Bosnie

Réfugiés de nationalité musulmane en quête de sécurité dans la ville de Tuzla.

LES COMBATS EN YOUGOSLAVIE contraignent près de trois millions de personnes à quitter leur foyer ; c'est le plus grand exode en Europe depuis la Seconde Guerre mondiale. Beaucoup de réfugiés doivent partir sur-le-champ, n'emportant que le strict minimum. Certains se dirigent vers les villes, d'autres vers les pays voisins.

Durant leur exode, les réfugiés doivent faire face à de nombreux dangers et à de terribles difficultés. Beaucoup doivent parcourir de longues distances, sans protection adéquate, dans des conditions climatiques exécrables. Ce sont sans doute les femmes et les enfants, épuisés par la peur et la faim, qui souffrent le plus. Certains réfugiés trouvent la « sécurité » en vivant en reclus dans les villes assiégées, sans aucune ressource alimentaire et sans hébergement décent. Ainsi, on sait que près de 400 000 personnes découvrent les caves et les abris dans lesquels elles se terreront pendant de longs mois. Dans certains cas, la population locale est submergée par le long cortège des réfugiés ; des familles entières dorment dans des écoles ou des complexes sportifs (ci-contre).

La « purification ethnique »

Les reportages sur la « purification ethnique » en Bosnie choquent le monde entier. Par cette pratique, les milices serbes inspirent une terreur telle que l'annonce de leur arrivée suffit à déclencher les mouvements d'exode des Musulmans et des Croates. Loin d'être une conséquence de cette guerre, le nettoyage ethnique apparaît comme un objectif : meurtres, passages à tabac, viols, destructions de maisons et menaces. La communauté internationale condamne les Serbes pour de telles pratiques. Pourtant, les Serbes n'ont pas le monopole de ces purifications. En 1993, tant les Musulmans que les Croates recourent à des tactiques similaires.

Des réfugiés attendent et espèrent dans un complexe sportif.

ACTUALITÉ... POINTS CHAUDS DE L'ACTUALITÉ

La revue de presse : la crise des réfugiés

Les camps de concentration

Les camps de concentration ou de détention constituent une autre facette de la purification ethnique. Il s'agit ici véritablement d'une idéologie comparable à celle de l'Allemagne nazie. Des réfugiés racontent comment les Serbes ont encerclé des civils musulmans et croates et capturé des soldats, puis les ont soit tués, soit internés dans des camps situés dans le nord de la Bosnie. Là, les prisonniers sont entassés, souvent dans des conditions insoutenables d'insalubrité; ils ne reçoivent pratiquement pas de nourriture. Selon les estimations de l'ONU, 9 300 personnes ont été détenues dans ces camps et plusieurs milliers ont été tuées. Ces chiffres ne représentent qu'une fraction des 150 000 victimes des combats.

Un camp de détenus organisé par les Serbes à Manjaca, dans le nord-est de la Bosnie.

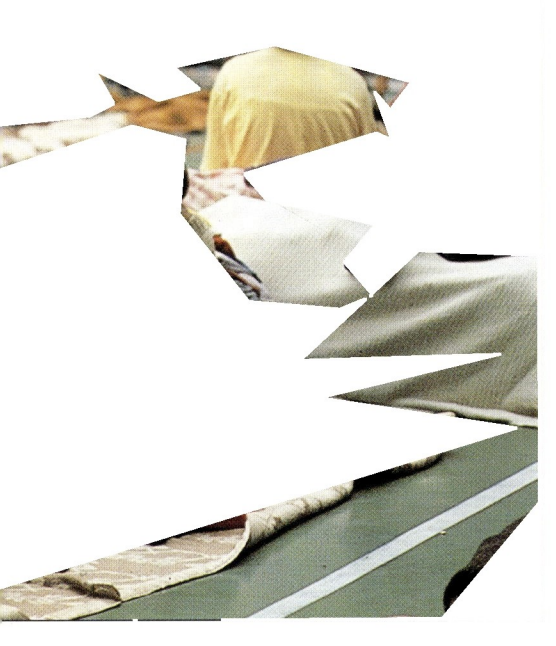

L'avenir des réfugiés est incertain

ON S'INTERROGE SUR LE SORT des 2 800 000 personnes déplacées ou réfugiées dénombrées dans les six républiques de l'ex-Yougoslavie (12 % de la population). Que deviendront-elles lorsque l'aide humanitaire s'arrêtera? Leurs pays d'accueil pourront-ils subvenir à leurs besoins?

Souvent, les tentatives de l'ONU en vue d'évacuer les réfugiés des villes assiégées sont vouées à l'échec. Parfois, les négociations entre les Nations unies et les milices serbes n'assurent pas la sécurité des réfugiés lors de leur transfert. Les autorités musulmanes de Srebrenica s'opposent à l'évacuation des civils vers Tuzla, estimant que cette mesure entre dans le plan serbe de purification ethnique. C'est là un inextricable dilemme: soit on évacue les civils au nom de leur protection et on accepte ainsi la « purification » (puisque dès que la population fuit une ville, celle-ci tombe rapidement aux mains des Serbes), soit on s'y refuse, avec les conséquences que cela implique.

ACTUALITÉ... POINTS CHAUDS DE L'ACTUALITÉ

La revue de presse : l'intervention de l'ONU

Des Casques bleus de l'ONU arrivent par avion. Leur mission sera délicate.

L'ONU et l'OTAN sont-elles efficaces ?

EN AVRIL 1992, les Nations unies reconnaissent l'indépendance de la Bosnie ainsi que ses frontières. Dans le même temps, le Secrétaire général de l'ONU exclut une intervention militaire pour tenter de mettre fin au conflit.

Tout au long du conflit bosniaque, l'ONU s'évertue à négocier un accord de paix entre les belligérants. Ainsi, le 2 juillet 1992, elle permet le déploiement d'un millier de Casques bleus sur l'aéroport de Sarajevo afin d'acheminer l'aide humanitaire. En outre, elle déclare certaines villes « zones de sécurité », mais n'envoie pas les troupes nécessaires au maintien de cet état. Le 18 septembre, l'ONU exclut la nouvelle Yougoslavie (Serbie et Monténégro) des rangs de son Assemblée générale. Tout au long du conflit, l'ONU et l'OTAN multiplient les résolutions sans pouvoir les imposer sur le terrain. En 1994, la levée de l'embargo sur les armes, annoncée par les États-Unis, incite les Serbes de Bosnie, mieux armés que les Musulmans, à lancer une offensive militaire afin d'occuper le plus de territoire possible avant un retour aux négociations. Les frappes aériennes de l'OTAN n'empêchent pas la victoire militaire des Serbes.

Briser le front

L'une des tâches des associations humanitaires en Bosnie-Herzégovine, et pas des moindres, consiste à permettre aux réfugiés de faire connaître leur atroce calvaire. En 1994, 14 000 Casques bleus sont postés en Bosnie. Leur mission se « limite » à assurer l'acheminement de l'aide humanitaire, à surveiller les combats et à établir des rapports sur les crimes de guerre. C'est donc une mission particulièrement frustrante puisque ces soldats n'ont en aucun cas pour objectif de séparer les belligérants ou de les obliger à permettre le passage des convois. Ils ne peuvent tirer qu'en cas de légitime défense. Pour négocier le passage des convois avec les divers adversaires, ils font appel à la population locale comme interprète. Souvent, les convois sont pillés par l'une ou l'autre faction. Dans les régions éloignées, l'aide doit être parachutée ou acheminée par des avions gigantesques.

Un char de l'ONU en patrouille.

TITO, PRÉSIDENT YOUGOSLAVE de 1953 à 1980 :

« Aucune des cinquante générations sur notre territoire n'a été épargnée par la guerre, ses méfaits et ses pertes. »

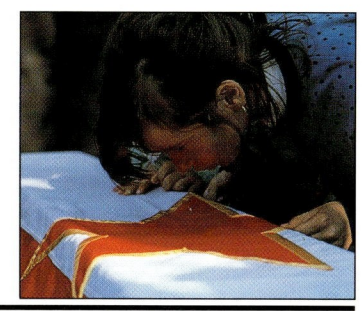

Les origines du conflit

La Bosnie, comme la plupart des pays européens, a un passé tourmenté

POUR LES HABITANTS DE LA BOSNIE, le conflit n'est pas récent. La crise des années 1990 remonte à des rivalités séculaires. En raison des événements historiques et du mélange explosif de religions, la guerre a toujours été de mise dans cette région.

Des Bosniaques de toutes confessions souffrent lors des combats.

En l'an 100, les Balkans font partie de l'Empire romain. Les Romains érigent dans cette magnifique région de splendides monuments (ci-dessus) et autorisent plus tard le christianisme. Par la suite, l'empire se scinde en deux, chaque partie prônant sa propre religion. La Bosnie, la Slovénie et la Croatie, gouvernées par l'Empire romain d'Occident, deviennent catholiques. La Serbie, appartenant à l'Empire byzantin, adopte la confession orthodoxe. C'est ce qui explique les divergences actuelles entre, d'une part, les Serbes et, d'autre part, les Croates et les Slovènes.

Les origines du conflit : 400-1918

Petit historique

Incluse au XVᵉ siècle dans l'Empire ottoman, la Bosnie se soulève en 1875. Beaucoup de Bosniaques se convertissent à l'islam (la religion de la Turquie). Ces musulmans érigent des mosquées.

YOUGOSLAVIE signifie « pays des Slaves du Sud ». À partir du Vᵉ siècle, des tribus slaves venues d'Europe centrale s'établissent dans la région. Mais, au fil des siècles, ces Slaves – Serbes, Croates, Slovènes, Bulgares et Macédoniens – seront dominés par des puissances étrangères.

Au XIIᵉ siècle, le roi de Hongrie prend possession de la couronne de Croatie qui, jusqu'au XXᵉ siècle, restera sous la dépendance de l'Empire austro-hongrois. Elle sera sous la juridiction hongroise, tandis que la Slovénie passera sous la domination autrichienne. C'est en raison de ces liens que la plupart des Slaves de Slovénie et de Croatie sont catholiques.

Lors de la bataille de Kosovo Polje, dans le sud-ouest de la Serbie, le prince Lazar (ci-dessous) dirige les forces serbes contre les Turcs. Après la défaite serbe, les Turcs dominent une grande partie de ce qui deviendra la Yougoslavie.

En 1389, la bataille de Kosovo Polje met fin à l'indépendance de la Serbie.

Les origines du conflit: 400-1918

La Hongrie est occupée par les Turcs sous Soliman II, sultan de 1520 à 1566.

À partir du IXe siècle, les Serbes tiennent tête à l'Empire byzantin et créent leur propre empire qui connaît son apogée sous le règne d'Étienne IX Douchan (1331-1355). La Serbie est alors l'État le plus puissant des Balkans. Au XIVe siècle, elle semble vouloir s'étendre. Lorsque Douchan meurt, l'empire serbe se déchire. La population serbe conserve la religion orthodoxe de l'Empire byzantin.

En 1389, les Turcs écrasent le premier État serbe à la bataille de Kosovo Polje. Les Serbes perdent bien plus qu'une simple bataille: ils perdent leur indépendance pour cinq siècles. Aujourd'hui, cette bataille est devenue le symbole de la fierté nationale serbe. Au XVe siècle, les Turcs contrôlent la plus grande partie de la région. Les tentatives de rébellion sont fréquentes contre cet envahisseur cruel et corrompu.

Au XVIIe siècle, l'expansion de l'Empire ottoman s'arrête le long d'une ligne arquée qui constitue la frontière orientale de la Croatie actuelle. Au cours des trois siècles suivants, l'Empire austro-hongrois et les Slaves récupèrent des bribes du territoire gagné par les Turcs. En 1878, la Serbie devient totalement indépendante.

La Bosnie est le dernier des États slaves du Sud à acquérir une identité propre. En 1180, bien que vassale de la Hongrie-Croatie, elle est autonome et gouvernée par le ban (chef) Kulin. Toutefois, les ambitions des États slaves du Sud (la Bosnie et la Serbie) sont réfrénées par un groupe de musulmans turcs, les Ottomans, qui étendent leur territoire au-delà des Balkans. En 1463, la Bosnie fait partie intégrante de l'Empire ottoman. Le sultan Mehmed II garantit la liberté de confession aux chrétiens du sandjakat de Bosnie. En 1718, la Bosnie sera cédée aux Habsbourgs avec l'Herzégovine, puis restituée à l'Empire ottoman en 1739.

L'empereur germanique François Ier (1708-1765) est le fondateur de la dynastie de Habsbourg-Lorraine. En 1804, les Habsbourgs prennent le titre d'empereur d'Autriche et, en 1867, celui de roi de Hongrie. Les Habsbourgs ont régné sur l'Autriche de 1278 à 1918.

En 1989, on célèbre le 600e anniversaire de la bataille de Kosovo Polje, devenue le symbole de la fierté nationale serbe. C'est l'occasion pour les Serbes d'exhiber leur puissance dans la province du Kosovo.

Les origines du conflit : 400-1918

Guerre et rébellion

CONQUISE PAR LES TURCS, la péninsule balkanique s'émancipe dès le début du XIXe siècle. Les peuples asservis se soulèvent. La rébellion atteint la Bosnie et les régions avoisinantes, en particulier la Serbie, la Croatie et la Slovénie.

En 1848, le ban Jelačić, général croate, dirige un mouvement révolutionnaire contre la domination des Habsbourgs.

En 1815, Miloš Obrenović fait de la Serbie une principauté autonome. En 1875, c'est au tour de la Bosnie de se soulever contre l'envahisseur turc.

En 1800, la partie septentrionale de la Serbie est sous la domination des Habsbourgs, tandis que le sud est dirigé par les Turcs. En 1804, le soulèvement national serbe commence sous la direction de Karageorges, qui s'empare de Belgrade (1806) et se proclame prince de Serbie (1808). Abandonné par le tsar de Russie, il fuit à l'étranger puis revient en 1817 et est assassiné sur l'ordre de Miloš Obrenović. Lorsque ce dernier lui succède, en 1815, il fait de la Serbie une principauté autonome sous la protection de la Russie. L'indépendance complète de la Serbie n'est reconnue qu'en 1878, au congrès de Berlin. Tout au long du XIXe siècle, la Serbie se renforce grâce à son alliance avec la Russie.

Entre 1806 et 1814, la Croatie et la Slovénie font partie des provinces illyriennes françaises sous Napoléon Bonaparte ; elles forment la frontière orientale de l'Empire napoléonien. En 1815, après la défaite de Napoléon à Waterloo, la domination des Habsbourgs est rétablie.

En 1848, des mouvements révolutionnaires menés en Croatie par le ban Josip Jelačić conduisent à une première série d'émeutes contre les Habsbourgs. En 1868, la Croatie dispose d'une autonomie restreinte au sein du royaume hongrois.

Échauffourées entre Slaves et Turcs en 1901.

Les origines du conflit : 400-1918

En 1800, la Bosnie est toujours sous la domination turque, mais, en 1878 (congrès de Berlin), elle passe, avec l'Herzégovine, sous la tutelle de l'Autriche-Hongrie, qui l'annexe en 1908. La plupart des Bosniaques désapprouvent cette domination étrangère et préféreraient une union avec le nouvel État serbe indépendant. Dans les premières années du XXe siècle, la Serbie se fait le champion de la libération des Slaves du Sud. Elle devient le centre des espoirs slaves d'indépendance et de formation d'un État unique regroupant tous les peuples slaves du Sud.

Mus par le nationalisme, les Bosniaques – comprenant des Musulmans, des Serbes (orthodoxes) et des Croates (catholiques) – s'unissent dans leur mépris de la domination austro-hongroise. Ce rejet aboutit, le 28 juin 1914, à l'assassinat, à Sarajevo, de l'héritier d'Autriche, l'archiduc François-Ferdinand de Habsbourg.

L'Autriche-Hongrie accuse la Serbie de complicité dans l'assassinat et la menace d'invasion. La Serbie nie toute implication et demande l'aide de la Russie, son alliée, puis de la France et de la Grande-Bretagne. L'Autriche-Hongrie, elle, s'adresse à l'Allemagne et déclare la guerre à la Serbie et à ses alliés. C'est la Première Guerre mondiale.

Après l'entrée en guerre de la Bulgarie, l'armée serbe doit battre en retraite. À la suite de l'effondrement des puissances centrales, les Serbes s'unissent avec d'autres Slaves du Sud (excepté les Bulgares) dans un nouvel État qui prend le nom de « royaume des Serbes, des Croates et des Slovènes » (1918). La Bosnie-Herzégovine s'unit à ce nouveau royaume. C'est la première Yougoslavie unie. Les traités de Neuilly (1919), Saint-Germain (1919) et Trianon (1920) en fixent les frontières.

L'archiduc François-Ferdinand et son épouse, peu avant l'assassinat.

Le 28 juin 1914, Gavrilo Princip, un terroriste serbe de Bosnie, assassine l'archiduc François-Ferdinand en visite officielle à Sarajevo. C'est l'étincelle qui a mis le feu aux poudres et déclenché la Première Guerre mondiale.

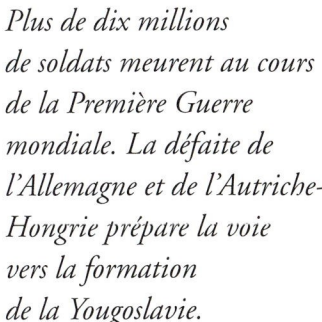

Plus de dix millions de soldats meurent au cours de la Première Guerre mondiale. La défaite de l'Allemagne et de l'Autriche-Hongrie prépare la voie vers la formation de la Yougoslavie.

Les origines du conflit : 1918-1945   14

Naissance de la Yougoslavie

En 1934, le roi Alexandre est assassiné à Marseille. À sa mort, son fils, Pierre II, n'est âgé que de 11 ans. En mars 1941, il est proclamé majeur et porté au pouvoir par un coup d'État militaire. La semaine suivante, la Yougoslavie est envahie par les troupes allemandes.

Le 30 janvier 1933, Adolf Hitler devient le chancelier d'Allemagne. Chef du parti nazi, il établit sa dictature personnelle et se lance dans la reconquête des territoires perdus par l'Allemagne et dans l'élargissement de l'« espace vital » allemand.

Dès 1918, le jeune royaume des Serbes, des Croates et des Slovènes est confronté à une suite d'événements chaotiques. La politique intérieure est minée par les rivalités ancestrales entre Serbes et Croates (elles trouvent leur origine dans les occupations étrangères des siècles précédents).

De nombreux Serbes souhaitent un système centralisé qui leur octroie le pouvoir sur l'ensemble de la nation. Les Croates et les Slovènes désirent, quant à eux, un système fédéral où les gouvernements régionaux jouiraient d'une plus large autonomie. Ces dissensions rendent le pays impossible à gouverner. En 1929, Alexandre Ier suspend la Constitution et proclame sa dictature le 5 janvier de la même année. Le 3 octobre, l'État prend le nom de royaume de Yougoslavie. L'objectif est d'étouffer les mouvements nationalistes.

L'avance des chars allemands pendant la Première Guerre mondiale.

Les origines du conflit: 1918-1945

La serbisation du régime yougoslave devient de plus en plus évidente. En Croatie, l'avocat Ante Palević, disposant d'une organisation territoriale *oustachi* (soulèvement), prend la tête du mouvement nationaliste croate. Alexandre tente, sans succès, de vaincre ce mouvement. Les oustachis organisent son assassinat à Marseille en 1934. C'est le cousin d'Alexandre, le prince Paul, qui assume la régence au nom du jeune Pierre II. En 1939, pour calmer les agitations croates, Paul octroie à la Croatie une large autonomie. Après un coup d'État militaire, Pierre II prend le pouvoir. L'avenir de la Yougoslavie est menacé par l'expansion de l'Allemagne nazie sous la direction d'Adolf Hitler.

En 1945, les forces alliées décident du destin de la Yougoslavie.

En 1939, les troupes allemandes envahissent la Pologne ; la France et la Grande-Bretagne déclarent la guerre à l'Allemagne et à l'Italie (les puissances de l'Axe). C'est la Seconde Guerre mondiale. En 1941, les armées de l'Axe envahissent la Yougoslavie. Les alliés de l'Axe se partagent le pays. Le chef oustachi Ante Palević se proclame *Poglavnik*, chef du premier État croate depuis mille ans qui se prétende indépendant. Il dirige la Croatie (moins la Dalmatie) et la Bosnie-Herzégovine. Il mord sur la Serbie. Les Serbes locaux font l'objet d'un génocide perpétré par les oustachis. Des mouvements de résistance s'affrontent : les tchetniks et les partisans du chef communiste Tito. Ces derniers, aidés de la Grande-Bretagne et de ses alliés (parmi lesquels figurent désormais les États-Unis et l'Union soviétique), finissent par l'emporter, libérant une grande partie du pays. En 1945, les partisans de Tito assument le gouvernement de la Yougoslavie.

JOSIP BROZ, DIT TITO, est né en Croatie en 1892. Issu d'une famille de petits paysans croates, il joue un rôle déterminant dans les activités clandestines du Parti communiste yougoslave. Pendant la Seconde Guerre mondiale, il organise la guérilla permanente contre l'occupant allemand et devient le chef d'un gouvernement révolutionnaire clandestin. Il combat par ailleurs les fascistes croates et les tchetniks (nationalistes serbes). En Yougoslavie, la Seconde Guerre mondiale est très meurtrière : 1 700 000 victimes. Si, dans les premiers jours de la résistance, les tchetniks du colonel royaliste Draža Mihajlović ont été glorieux, Tito, en gagnant le soutien des Yougoslaves de tous les horizons ethniques, s'est avéré meilleur tacticien. En 1945, les forces de l'Axe reculent devant l'armée soviétique. Avec l'accord des forces alliées, les anciens partisans forment un nouveau gouvernement sous la direction du maréchal Tito.

Les origines du conflit: 1945-1991

Gloire et chute de la Yougoslavie communiste

1945 : les Slaves du Sud fondent une fédération communiste

La Yougoslavie de Tito est une destination particulièrement appréciée des touristes occidentaux.

Au lendemain de la Seconde Guerre mondiale, l'armée soviétique occupe la majeure partie de l'Europe de l'Est. Dans ces pays, la transformation socialiste de l'économie et de la société commence. Tito, contrairement aux autres dirigeants des pays de l'Est, poursuit son propre système communiste.

Tito fait de la Yougoslavie une démocratie populaire indépendante de Moscou, ce qui entraîne la rupture avec Staline : en 1948, le Kominform condamne la « déviation yougoslave ». Tito se maintient toutefois au pouvoir tout en refusant de se plier aux ordres de Moscou. Après 1945, le fossé s'élargit entre l'Union soviétique et les États-Unis, alliés de l'Europe occidentale. Lorsque Tito rompt avec l'Union soviétique, la Yougoslavie reçoit une aide militaire et économique de l'Occident. Clairvoyant et ambitieux, Tito reste un communiste fervent, mais dirige son pays à sa manière. En 1955, il se réconcilie avec l'U.R.S.S. et devient l'un des promoteurs du non-alignement. Dans les années 1960 et 1970, il parvient à obtenir de l'aide économique des deux blocs et à moderniser l'industrie et l'agriculture yougoslaves. Contrairement aux autres pays communistes, la Yougoslavie est ouverte au tourisme occidental qui, en plein essor, contribue à la relance économique du pays.

Les origines du conflit : 1945-1991

En 1946, la Yougoslavie devient une République populaire fédérative composée de six républiques (Slovénie, Croatie, Bosnie-Herzégovine, Serbie, Monténégro et Macédoine). Entre 1945 et 1980, la « politique de la main ferme » menée par Tito maintient ces républiques unies. Tito octroie à la Croatie et à la Slovénie un gouvernement local autonome qui les satisfait temporairement. Toutefois, à la mort de Tito, en mai 1980, la Yougoslavie est plongée dans une crise grave, liée au surendettement extérieur.

En 1981, outre les six républiques, on distingue en Yougoslavie deux nationalités, albanaise et hongroise (qui vont trouver leur province dans la République serbe : les Albanais au Kosovo et les Hongrois en Voïvodine), et pas moins de douze minorités. La même année, le gouvernement serbe se heurte aux revendications des Albanais du Kosovo qui réclament la transformation de leur province en république. Dans les faits, la Serbie est de nouveau la puissance dominante en Yougoslavie. Les Slovènes et les Croates souhaitent l'indépendance qui leur permettrait de contrôler leur propre économie. Les troubles se multiplient. Après référendum, les dirigeants slovènes et croates proclament l'indépendance et la sécession de leurs républiques (juin 1991). C'est la dislocation de la Yougoslavie.

NÉ PRÈS DE BELGRADE en 1941, Slobodan Milošević est arrivé au pouvoir à une époque de nationalisme serbe grandissant. Devenu président de Serbie en 1989, il fait modifier la Constitution de manière à réduire l'autonomie des provinces du Kosovo, dans le sud de la Serbie, et de la Voïvodine : il annexe la province du Kosovo qui, depuis 1945, bénéficiait d'une semi-autonomie. Il inflige à la population locale, principalement albanaise, un traitement discriminatoire. Lorsque les autres républiques demandent une structure fédérale plus souple, Milošević insiste sur l'instauration d'un système centralisé, dominé par les Serbes. Lors de la proclamation de l'indépendance de la Slovénie et de la Croatie, en juin 1991, Milošević voit la possibilité de créer une « grande Serbie » par l'annexion de territoires de ces républiques à minorité serbe. La guerre est alors inévitable.

En juin 1991, les Slovènes célèbrent leur indépendance.

Les origines du conflit : la population yougoslave

Une mosaïque de nationalités

PENDANT 35 ANS, Tito est parvenu à maintenir la paix entre les groupes ethniques des six républiques yougoslaves. Comme le montre la carte, chaque république est un mélange ethnique complexe. Beaucoup se sentent plus liés aux membres de leur propre ethnie, établis aux quatre coins du pays, qu'à la fédération yougoslave.

Les Serbes

Les Serbes sont majoritaires en Serbie et présents dans le Monténégro, mais, comme l'illustre la carte, bon nombre vivent en Bosnie et en Croatie. Après la dislocation de la Yougoslavie en 1991, les Serbes de ces régions souhaitaient être rattachés à la Serbie. La Serbie a fait partie de l'Empire byzantin et l'Église orthodoxe y est présente depuis le IXe siècle. Dans les dernières années de la Yougoslavie, la population du Kosovo, dans le sud de la Serbie, est à 85 % albanaise et pour moins de 15 % serbe.

Les Croates

En raison de leurs liens historiques avec la Hongrie, les Croates sont principalement catholiques. Bon nombre de Serbes vivent dans quelques régions de Croatie. Les Croates sont majoritaires dans certaines régions de Bosnie. Le serbo-croate, parlé en Serbie, en Croatie, mais aussi dans le Monténégro et en Bosnie-Herzégovine, est une seule langue qui s'écrit avec les caractères cyrilliques, en Serbie, et latins, en Croatie. Cette variation alphabétique traduit clairement une différence culturelle.

ITALIE

Les origines du conflit : la population yougoslave

Les Bosniaques
Sous domination ottomane jusqu'en 1878, la Bosnie-Herzégovine est une véritable mosaïque d'ethnies et de confessions. Ses habitants se partagent plus ou moins entre 44 % de Musulmans (en 1968, Tito crée, à l'usage des Slaves islamisés de Bosnie, la nationalité musulmane), 31 % de Serbes (orthodoxes) et 17 % de Croates (catholiques). Ainsi, la Bosnie est en elle-même un microcosme de la Yougoslavie. Malgré les tensions, ces différentes ethnies ont vécu unies par de nombreux mariages mixtes.

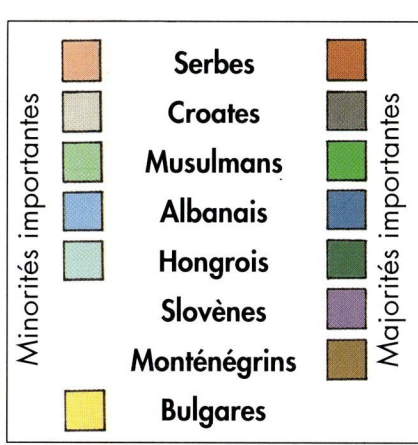

Minorités importantes / Majorités importantes :
- Serbes
- Croates
- Musulmans
- Albanais
- Hongrois
- Slovènes
- Monténégrins
- Bulgares

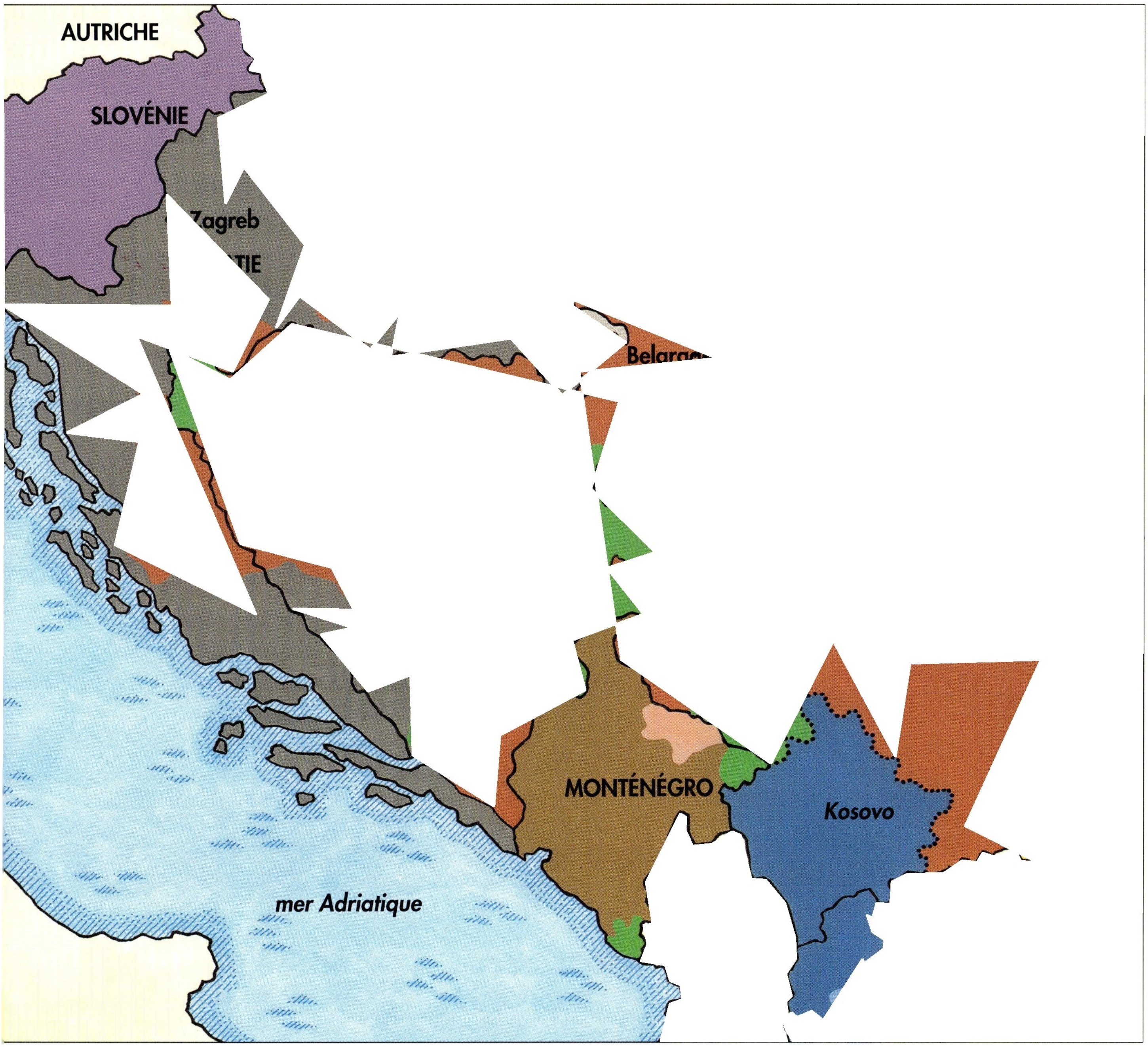

UN PORTE-PAROLE DE L'ONU :

« Il ne s'agit pas d'une guerre dans le sens où nous l'entendons. Les victimes ne sont pas les combattants, mais bien les civils. »

C'est la guerre en Yougoslavie

Lorsqu'en juin 1991, la Slovénie proclame son indépendance, les avions de l'armée yougoslave sillonnent le ciel pour exhiber leur puissance militaire

En novembre 1991, des soldats serbes entrent dans Vukovar, en Croatie.

En automne 1991, l'armée yougoslave se retire de Slovénie. Les combats ont été brefs, mais sanglants. Abandonnant la Slovénie aux Slovènes, les chars fédéraux mettent le cap sur la Croatie qui, en

Forces croates et serbes s'affrontent

L'ARMÉE YOUGOSLAVE, dirigée par les Serbes, riposte immédiatement à la proclamation d'indépendance de la Slovénie. En quelques jours, les troupes fédérales envahissent la république. La guerre est assez brève mais fait de nombreuses victimes. Lorsque la Croatie, sous la direction de son nouveau président, Franjo Tudjman, proclame elle aussi son indépendance, les Serbes se concentrent sur la prise de territoires croates.

FRANJO TUDJMAN

Sorti vainqueur des élections libres de 1990, Franjo Tudjman est le président de la République de Croatie qui fait sécession de la Yougoslavie en juin 1991.

juin 1991, a également proclamé son indépendance, faute d'avoir pu s'entendre avec la Serbie sur l'avenir de la fédération yougoslave après les premières élections libres de 1990. L'armée yougoslave prétend intervenir pour protéger les communautés serbes de Croatie. En réalité, elle souhaite s'emparer d'un maximum de territoires croates pour agrandir la Serbie (voir page 17). Les rebelles serbes et les troupes yougoslaves bombardent Vukovar, Vinkovci et Osijek, en Croatie orientale, ainsi que la ville de Dubrovnik, sur la côte adriatique. De nombreux civils meurent. À la fin de 1991, les villes orientales sont tombées. Les forces serbes occupent la région et, le 19 décembre, le Parlement de Krajina (enclave serbe de Croatie) proclame la « République de Krajina serbe ».

En décembre 1991, les bombardements touchent la ville de Dubrovnik.

durant l'automne 1991.

Choquées par les combats, l'Union européenne et les Nations unies tentent d'obtenir une trêve entre la Croatie et le gouvernement yougoslave, maintenant contrôlé par les Serbes. Mais aucune des parties n'accepte de compromis. Partout dans le monde, on s'indigne de la campagne de « purification ethnique » organisée en Croatie par les Serbes. En janvier 1992, Cyrus Vance, l'émissaire de l'ONU, obtient l'accord de Belgrade et de Zagreb pour l'application d'un cessez-le-feu et pour le déploiement de Casques bleus en Croatie. Un tiers de la Croatie se retrouve finalement aux mains des Serbes. Au printemps, les combats ont pratiquement cessé. En avril, l'état d'urgence est décrété sur tout le territoire de la Bosnie. La guerre commence.

Le conflit bosniaque

En 1992, la guerre en Yougoslavie s'étend à la Bosnie

Le chef musulman Alija Itzetbegović est le président de la Bosnie. Dès le début des hostilités, il met tout en œuvre pour éviter que sa république ne soit partagée entre la Serbie et la Croatie.

Radovan Karadzić est le chef des Serbes de Bosnie. Il souhaite la prise de territoires bosniaques par les Serbes pour créer une « grande Serbie ».

EN AVRIL 1992, l'Union européenne reconnaît l'indépendance de la Bosnie-Herzégovine. Le centre de Sarajevo est bombardé au mortier. Entre 50 000 et 100 000 personnes de toutes les nationalités protestent. Des affrontements violents opposent les milices bosniaques aux forces serbes et à l'armée yougoslave. C'est la guerre totale.

En 1992, Bosanski Brod, dans le nord de la Bosnie, tombe aux mains des Serbes.

L'indépendance de la Bosnie répond aux vœux de ses habitants musulmans et croates. Désireux de rester yougoslaves, les Serbes de Bosnie proclament une République serbe de Bosnie. Au printemps 1992, les milices serbes et les troupes yougoslaves avancent sur les villes bosniaques. Elles expulsent des centaines de milliers de Musulmans dans une vague de « purification ethnique ». L'armée bosniaque, mal équipée, ne compte que 3 500 hommes, principalement des Musulmans. Les unités armées croates (15 000 hommes) se battent, dans un premier temps, aux côtés

Des citoyens de Sarajevo courent dans les rues pour échapper aux tirs isolés.

de l'armée bosniaque.

En 1992, les forces serbes progressent à l'ouest et au sud de la frontière serbe, prenant le contrôle de plus de 60 % du territoire bosniaque. Les villes orientales de Srebrenica, Zepa et Gorazde sont attaquées et bombardées depuis les collines voisines. Les troupes bosniaques doivent battre en retraite. Dans l'ouest de la Bosnie, les Serbes gagnent aussi du terrain.

En 1993, les Serbes détiennent 70 % du territoire bosniaque. Les Croates de Bosnie combattent les Musulmans, initialement leurs alliés dans le conflit. L'armée bosniaque garde le contrôle d'une petite bande au centre du pays et se retrouve coincée entre deux zones contrôlées par les Serbes. Sarajevo, enclavée, est encerclée par les milices serbes, qui tiennent également la banlieue de Grbavica. Prisonniers dans les villes, les habitants doivent faire face à une pénurie alimentaire et à des coupures de gaz, d'eau et d'électricité. De nombreuses habitations sont détruites par les bombardements.

En janvier 1993, les Serbes de Bosnie et les Musulmans (qui changeront d'avis en mars 1993) refusent le plan de paix des Nations unies (voir page 24) qui prévoit le découpage de la Bosnie en dix provinces et la démilitarisation de Sarajevo. Les Croates de Bosnie l'approuvent : ce plan accorde à la Croatie le contrôle de l'Herzégovine, dans le sud de la Bosnie. Peu de temps après, l'armée croate envahit cette région dans le but de gagner du terrain. Les combats sont affreusement sanglants. L'ONU se prononce pour des sanctions économiques envers la Yougoslavie et impose finalement un embargo interdisant la vente d'armes aux républiques. C'est ainsi que l'armée bosniaque commence à manquer d'armes, particulièrement d'armes lourdes, et se voit dépassée par les Serbes de Bosnie, soutenus par les armées serbes et yougoslaves.

C'est à partir des collines que les soldats serbes ont préparé l'assaut contre Sarajevo.

Les origines du conflit : 1992-1994

En quête de paix

En octobre 1992, un plan de paix émane de lord Owen (ci-dessus), médiateur désigné par l'Union européenne auprès de Cyrus Vance, représentant des Nations unies. Il prévoit le découpage de la Bosnie.

Yasushi Akashi est l'envoyé spécial du Secrétaire général de l'ONU en Bosnie ; il mène les négociations de paix sur le terrain.

PARTOUT dans le monde, les gens s'indignent des événements en Bosnie. Tous sont outrés par l'assassinat de civils et par les nombreuses atrocités de la guerre. Depuis qu'elles sont entrées en scène en 1992, les Nations unies se sont engagées à rétablir la paix dans cette région troublée.

Boutros Boutros-Ghali, Secrétaire général des Nations unies (au centre).

Le nouveau plan de paix Vance-Owen de janvier 1993 propose d'instaurer, au sein de la Bosnie, dix provinces semi-autonomes sur base des différentes nationalités. En mars, le président musulman Alija Itzetbegović accepte le plan de paix. Seuls les Serbes de Bosnie s'opposent encore au redécoupage de la Bosnie. En avril, Croates et Musulmans s'affrontent en Bosnie centrale. Une nouvelle vague de combats commence. En mai, à la suite d'un référendum, le plan Vance-Owen est rejeté par les Serbes de Bosnie. En 1993 et en 1994, les pourparlers continuent. Il est très difficile de trouver un terrain d'entente entre les belligérants. Le président Itzetbegović exige que les Serbes restituent une partie des 70 % de la Bosnie qu'ils détiennent. Les Serbes veulent garder la plupart des territoires conquis.

ACTUALITÉ... POINTS CHAUDS DE L'ACTUALITÉ

Dernière minute : espoirs réels de paix 25

L'OTAN apporte la paix à la ville de Sarajevo déchirée par la guerre

Septembre 1992 : ouverture de la conférence permanente sur l'ex-Yougoslavie.

LE 5 FÉVRIER 1994, l'explosion d'un obus serbe sur le marché de Markale, à Sarajevo, fait 66 morts. L'aggravation de la situation pousse l'OTAN à intervenir avec fermeté. La menace d'une riposte aérienne de l'OTAN contraint finalement les Serbes à accepter un cessez-le-feu à Sarajevo.

EN 1994, L'OTAN, l'alliance militaire des États-Unis, du Canada et de certains pays européens, adresse un ultimatum aux Serbes de Bosnie. Elle brandit la menace d'un raid aérien pour contraindre les Serbes à mettre fin au siège des villes telles que Sarajevo. Fin février, quatre avions serbes sont abattus par des chasseurs américains. Les Serbes remettent une partie de leur artillerie aux troupes de l'ONU qui supervisent la restitution des armes dans des zones d'exclusion. On considère qu'il s'agit d'un premier pas vers la paix. Après la menace brandie par l'ONU du retrait des Casques bleus en Bosnie, l'OTAN prévoit qu'elle pourrait envoyer en ex-Yougoslavie une force « d'au moins 200 000 hommes ». Fin décembre 1994, un cessez-le-feu de quatre mois est envisagé. Il semble respecté, sauf dans la poche de Bihac.

Espoirs de paix mis en échec

Sous la pression des États-Unis, les négociations aboutissent en mars-avril 1994. À la fin de l'année, le plan de paix, préparé par le « groupe de contact sur la Bosnie » (la France, la Grande-Bretagne, l'Allemagne, la Russie et les États-Unis), et qui prévoit le repli des Serbes sur 49 % du territoire bosniaque, s'avère de plus en plus délicat à imposer par l'ONU et l'OTAN.

Le 23 janvier 1995, le général Rose (à gauche) cesse de commander les troupes de l'ONU en Bosnie.

ACTUALITÉ... POINTS CHAUDS DE L'ACTUALITÉ

Dernière minute : témoignages

La vie quotidienne dans les villes

« Nous sommes terrifiés à l'idée de mourir comme des rats. »

En 1994, des observateurs de l'ONU rapportent que beaucoup d'habitants du centre de la Bosnie sont au bord de la famine parce que l'aide humanitaire ne leur parvient pas.

Dans ces régions montagneuses, les températures sont très basses en hiver et la population doit chercher du bois de chauffage dans la neige. « J'espère que cet hiver ne sera pas trop long. Il va falloir que je brûle du mobilier pour me chauffer », déclare une habitante de Sarajevo.

Familles et amis se rassemblent à Sarajevo pour enterrer des civils tués par un obus serbe. En Bosnie, beaucoup d'églises, de mosquées et d'autres lieux de culte ont été détruits lors des combats, mais la population trouve le temps de prier. Les Bosniaques prient pour que les combats cessent et que la paix s'installe à jamais dans leur pays ravagé.

ACTUALITÉ... POINTS CHAUDS DE L'ACTUALITÉ

Dernière minute : témoignages

Il ne reste plus que les poutres métalliques de ce pont qui enjambe la Miljacka, la rivière qui traverse Sarajevo. Les civils doivent se frayer un passage sur cette structure hasardeuse.

Dans les villes assiégées, l'approvisionnement en eau reste insuffisant. De longues files d'attente se forment près des robinets, des lacs et des cours d'eau. Les civils risquent leur vie pour ramener péniblement de l'eau dans les endroits où ils se sont réfugiés : des caves et des bâtiments détruits par les obus et par les flammes. En outre, l'eau est généralement contaminée, ce qui ajoute la menace de maladie à leur misère.

ACTUALITÉ... POINTS CHAUDS DE L'ACTUALITÉ

Dernière minute : un pays dévasté

Un pays complètement dévasté

Il faudra plusieurs générations pour effacer les méfaits et guérir les plaies de la guerre

LES DOMMAGES CAUSÉS par des années de guerre sont énormes. À Sarajevo, on estime que plus de 60 % des appartements ont été tellement endommagés qu'ils devront être démolis et entièrement reconstruits. Il faudra encore de nombreuses années pour évaluer et réparer les dommages provoqués par la guerre en Bosnie.

La Bosnie a un relief diversifié, formé de hauts massifs (plus de 2 000 m) appartenant au système dinarique. Le nord et le centre du pays sont boisés, tandis que le sud offre des paysages dénudés. La Bosnie est drainée par la Neretva, la Save et ses affluents tumultueux qui ont sculpté des vallées escarpées et des gorges profondes. Parallèles à la côte, les montagnes ne facilitent pas les déplacements d'est en ouest. Avant la guerre, on circulait sur un nombre restreint de routes convenables et de voies ferrées. Aujourd'hui, une grande partie du réseau routier et ferroviaire a été détruite, tout comme des usines et des centrales électriques. Il faudra des années pour relancer l'économie et rétablir les infrastructures de transport.

Dégâts des pluies acides.

Le lourd passif écologique de la guerre

Les paysages de la Bosnie ont été endommagés par la guerre. Le pays charmait jadis par sa grande beauté naturelle. Les combats ont détruit des forêts et amplifié les problèmes écologiques de la région, liés, de toute évidence, aux pluies acides. Pendant la guerre, des gaz, entre autres de l'anhydride sulfureux, sont libérés dans l'atmosphère. Ce sont ces mêmes substances que l'on retrouve dans les gaz d'échappement et les fumées d'usines et qui se combinent avec l'humidité atmosphérique pour former des acides. Ces acides retombent sous forme de pluies acides qui endommagent la végétation. Les forêts de Bosnie constituaient l'habitat de nombreux oiseaux, insectes et autres animaux dont la survie est désormais menacée. Aujourd'hui, elles souffrent énormément de ce type de pollution.

Le 9 novembre 1993, le pont de Mostar, datant du XVIe siècle, est détruit.

ACTUALITÉ... POINTS CHAUDS DE L'ACTUALITÉ

Dernière minute : un pays dévasté 29

«Rien ne sera plus jamais pareil»

Il est très difficile d'accepter les pertes.

LES COMBATS EN BOSNIE ont transformé à jamais la vie de la population. Pour beaucoup de Bosniaques, les occupations quotidiennes (les courses, le travail ou l'école) ne sont qu'un lointain souvenir.

LE 29 MARS 1994, un accord est conclu sur le désenclavement de Sarajevo, qui, pour la première fois depuis le début de la guerre, connaît une certaine sérénité. Autour de la ville, les armes se taisent. Elles se retirent sous la supervision de l'ONU. Les habitants pleurent leurs morts mais se sentent soulagés. Pourtant, rien n'est redevenu normal. Les décombres des maisons bombardées ainsi que des bus et des camions incendiés bloquent toujours les rues. Peu à peu, l'électricité est rétablie. Il n'est pas encore question de reprendre le travail, ni d'acheter ou de vendre des marchandises ; les Bosniaques ne peuvent pas quitter la ville encerclée par les troupes serbes. Dans l'ensemble du pays, les Bosniaques ressentent la même impression d'étouffement. Pour eux, rien ne semble jamais plus devoir être pareil.

Les monuments historiques sont détruits

Les troupes serbes ont systématiquement détruit les monuments historiques et culturels de leurs ennemis. Elles ont bombardé mosquées et minarets. À Bijeljina et à Banja Luka, elles les ont fait sauter ou les ont entièrement rasés. À Sarajevo, les obus ont détruit l'impressionnante bibliothèque universitaire de l'État ainsi que l'Institut oriental, qui contenait des milliers de précieux manuscrits sur le passé ottoman de la Bosnie.

Une église catholique de Sarajevo en ruine.

ACTUALITÉ... POINTS CHAUDS DE L'ACTUALITÉ

Dernière minute : la paix reviendra-t-elle un jour ? 30

Des bâtiments embrasés sous une averse d'obus à Gorazde, au printemps 1994.

La paix reviendra-t-elle un jour ?

LE CESSEZ-LE-FEU obtenu à Sarajevo en 1994 n'a pas apporté la paix au reste de la Bosnie autour de villes comme Tuzla et Gorazde où, au printemps, 65 000 personnes restent coincées alors que des obus serbes visent des cibles civiles. Fin 1994, les combats se poursuivent dans la poche de Bihac.

L'ONU ne peut stopper les bombardements à Gorazde. Pourtant, la ville est déclarée « zone de sécurité ». Une salve de roquettes atteint l'hôpital de la ville, faisant dix morts et de nombreux blessés. L'ONU ne peut envoyer que quelques soldats pour commenter les combats. Ailleurs, les armes se taisent et les gens mettent tout en œuvre pour retrouver une vie normale. Fin décembre 1994, une mission de médiation « non officielle » est menée en Bosnie-Herzégovine par l'ex-président américain Jimmy Carter, et un cessez-le-feu de quatre mois est envisagé. Début 1995, la trêve semble respectée, sauf dans la ville de Bihac, où des éléments rebelles continuent malheureusement de violer les accords de paix.

Même pendant le cessez-le-feu, des tirs isolés retentissent.

ACTUALITÉ... POINTS CHAUDS DE L'ACTUALITÉ

Dernière minute et chronologie

Un avenir incertain

On ne sait si la Bosnie, la Serbie, la Croatie et la Slovénie survivront en tant qu'États indépendants. On ignore également si les Serbes respecteront le plan de paix qui prévoit leur repli sur 49 % de la Bosnie. En janvier 1995, le président Franjo Tudjman a annoncé qu'il comptait expulser les 14 000 Casques bleus de Croatie pour la fin du mois de mars. Cela pourrait entraîner de nouveaux combats avec les Serbes de Croatie en Slavonie et en Krajina. De tels événements risquent de déclencher l'intervention de la Serbie.

Les troupes des Nations unies contrôlent Gorazde.

CHRONOLOGIE

VIIe siècle Peuplement slave en Bosnie.
XIe siècle Début d'organisation d'État en Bosnie.
Début du XIIe siècle Indépendance de la Bosnie.
1463 Conquête turque de la Bosnie, islamisation.
1878 Prise de la Bosnie par l'Autriche-Hongrie.
1908 Annexion de la Bosnie par l'Autriche-Hongrie qui ne réunit pas la Bosnie-Herzégovine.
1914 Assassinat de l'archiduc François-Ferdinand de Habsbourg à Sarajevo.
1914-1918 Première Guerre mondiale.
1918 Union de la Bosnie-Herzégovine au royaume des Serbes, des Croates et des Slovènes. Premier gouvernement national de Bosnie-Herzégovine.
1929 Instauration de la dictature du roi Alexandre Ier qui donne à l'État le nom de Yougoslavie.
1939-1945 Seconde Guerre mondiale.
1941 Invasion de la Yougoslavie par les puissances de l'Axe.
1941-1945 Résistance des tchetniks et des partisans de Tito aux armées de l'Axe.
1945 Occupation de la Yougoslavie par les troupes soviétiques. Fédération communiste sous Tito.
1948 Exclusion de la Yougoslavie du Kominform.
1968 Étant donné que les Slaves de Bosnie-Herzégovine, islamisés sous l'occupation ottomane, ne se reconnaissent ni Serbes ni Croates, Tito leur accorde la nationalité musulmane.
1980 Création d'une nationalité yougoslave. Un million d'habitants l'adoptent. Mort de Tito.
Années 80 Tension entre les différentes ethnies dans les républiques.
1990 Organisation d'élections libres dans les républiques de la Yougoslavie.
Été 1991 Proclamation d'indépendance de la Slovénie et de la Croatie. Invasion de la Slovénie, puis de la Croatie, par l'armée yougoslave contrôlée par les Serbes. Campagne de « purification ethnique » par les Serbes.
Octobre 1991 Proclamation d'indépendance de la Bosnie.
Janvier 1992 Cessez-le-feu en Croatie. Un tiers de la république tombe aux mains des Serbes.
Février 1992 Déploiement par l'ONU de 14 000 Casques bleus en Croatie.
Avril 1992 Indépendance de la Bosnie-Herzégovine reconnue par l'Union européenne. Invasion par les troupes serbes d'une grande partie de la Bosnie. Sarajevo assiégée.
Septembre 1992 Ouverture de la conférence permanente sur l'ex-Yougoslavie, à Genève, présidée par lord Owen et Cyrus Vance qui proposeront leur plan de paix (janvier 1993).
Décembre 1992 Détachement des troupes de l'ONU pour protéger les convois d'aide humanitaire.
Janvier 1993 En Krajina, offensive croate contre les milices serbes.
Avril 1993 Affrontements entre Croates et Musulmans en Bosnie centrale. Srebrenica déclarée « zone de sécurité ».
Mai 1993 Sarajevo, Tuzla, Zepa, Gorazde et Bihac déclarées « zones de sécurité ».
Été 1993 Combats à Mostar entre les Serbes et les Croates. Sanctions votées par l'ONU contre la Yougoslavie.
Novembre 1993 Inauguration à La Haye du tribunal international pour juger les crimes commis en ex-Yougoslavie.
Février 1994 Ultimatum de l'OTAN aux Serbes de Bosnie.
Mars 1994 Accords de Vienne entre les Croates et les Musulmans en vue de la création, en Bosnie, d'une Fédération croato-musulmane, confédérée avec la Croatie. Accord sur le désenclavement de Sarajevo.
Début avril 1994 Offensive serbe contre Gorazde.
Été 1994 Combats autour des villes de la « zone de sécurité » de l'ONU. Nouveau plan de paix accepté par l'alliance croato-musulmane, mais rejeté par les Serbes de Bosnie. Combats dans la ville de Bihac.
Automne 1994 Rejet par les Serbes de Bosnie du plan de paix révisé. Violation par les forces serbes de la « zone d'exclusion » créée autour de Sarajevo. Bombardements par les avions de l'OTAN.
Hiver 1994-1995 Levée par les États-Unis de l'embargo sur les armes qui frappe la Bosnie. Offensive militaire serbe sur Bihac. Mission de conciliation non officielle de Jimmy Carter auprès des Serbes de Bosnie et de leur leader Karadzić avec, pour résultat, une trêve de quatre mois entre Musulmans et Serbes de Bosnie. Les Croates de Bosnie prennent également part au cessez-le-feu. La Croatie décide d'expulser 14 000 hommes des Nations unies pour mars 1995. Le cessez-le-feu n'est pas totalement observé.

ACTUALITÉ... POINTS CHAUDS DE L'ACTUALITÉ

Index

aide humanitaire 5, 8, 26, 31
Albanais 17-19
Alexandre Ier, roi 14, 31
armée yougoslave 4, 20-23
assassinat de l'archiduc
    François-Ferdinand 13, 31

Balkans 2, 9, 12
ban (chef) 11, 12
bataille de Kosovo Polje 10, 11

camps de concentration 7
Casques bleus 5, 8, 21, 31
cessez-le-feu 21, 25, 30, 31
communisme 15-17, 31
crimes de guerre 8, 31
Croates de Bosnie 2, 4, 6, 7, 9, 18,
    23-25, 31

désenclavement de Sarajevo 29, 31
« déviation yougoslave » 16
Douchan, Étienne IX 11

embargo 8, 23, 31
Empire
    austro-hongrois 11, 13
    byzantin 9, 11, 18
    ottoman 10-13, 19, 31
    romain 9
États-Unis 15, 16, 25

Fédération croato-musulmane 31

« groupe de contact sur la Bosnie » 25

Habsbourgs 10-13
Hitler, Adolf 14, 15
Hongrois 17, 19

indépendance
    Bosnie 8, 11, 22, 31
    Croatie 12, 15, 17, 21, 31
    Serbie 11-13, 17, 31

Slovénie 17, 20, 31
Itzetbegović, Alija 22, 24, 31

Jelačić, Josip 12

Karadžić, Radovan 22
Karageorges 12
Krajina (enclave serbe de Croatie) 21

Milošević, Slobodan 17
mission de médiation
    de Jimmy Carter 30, 31
monuments 9, 28, 29
Musulmans bosniaques 2, 4, 6, 7, 19,
    22-25, 31

naissance de la Yougoslavie 14, 31
nationalités 17, 18, 24, 31

Obrenović, Miloš 12
occupation des républiques 10, 14,
    21, 31
ONU (Organisation des Nations
    unies) 2, 3, 5, 7, 8, 21, 23-26,
    29-31
origines du conflit bosniaque 10-19
OTAN (Organisation du traité de
    l'Atlantique Nord) 4, 8, 25, 31
oustachis 15
Owen, lord 24

Palević, Ante 15
partisans de Tito 15, 31
pénurie alimentaire 6, 23
Pierre II 14, 15
plan de paix 23-25, 31
pluies acides 28
pont de Mostar 28, 31
Première Guerre mondiale 13, 14, 31
Princip, Gavrilo 13
provinces de Serbie
    Kosovo 3, 17-19
    Voïvodine 3, 17

puissances de l'Axe 15, 31
« purification ethnique » 6, 7, 21, 22

réfugiés 3, 5-7
religions
    catholicisme 9, 10, 13, 19
    islam 10
    orthodoxie 9, 11, 13, 18
républiques
    Bosnie-Herzégovine 2-4, 6-13, 19,
        21-31
    Croatie 2-4, 6, 7, 9-15, 17-24, 31
    Macédoine 2, 19
    Monténégro 2, 3, 19, 28
    Serbie 2, 4-15, 17-26, 30, 31
    Slovénie 2-4, 9, 10, 12, 14, 17,
        20, 31
royaume des Serbes, des Croates
    et des Slovènes 13, 14, 31
Russie 12, 13, 15, 16

Seconde Guerre mondiale 6, 15, 16, 31
Serbes de Bosnie 4, 22-25, 31
Slaves du Sud 10, 11, 13, 16
système de gouvernement fédéral 14,
    17, 18

tchetniks (nationalistes serbes) 15, 31
Tito (Josip Broz) 9, 15-18, 31
Tudjman, Franjo 20, 21, 31

Union européenne 21, 22, 31

Vance, Cyrus 21, 24, 31
villes assiégées 3-6
villes bosniaques
    Bihac 4, 25, 30, 31
    Gorazde 4, 7, 23, 30, 31
    Sarajevo 4, 5, 8, 22, 23, 25-31
    Srebrenica 4, 5, 23, 31
    Tuzla 4, 6, 7, 25, 30, 31

« zones de sécurité » 3, 8, 30, 31

Origine des photographies :
Remerciements particuliers à Frank Spooner Pictures qui a fourni toutes les photographies de cet ouvrage, à l'exception des suivantes : pages 5 (en haut), 14 et 15 : Topham Picture Source ; pages 10 et 13 : Hulton Deutsch ; page 11 (en haut) : Bridgeman Art Library ; page 12 : Mary Evans Picture Library ; pages 23 (en haut), 27 (les deux) et 29 (en haut) : Simon Townsley/Katz.